AF452729

QUESTIONS DE SOCIOLOGIE

DE CLERMONT-TONNERRE

POURQUOI

NOUS SOMMES SOCIAUX

BLOUD & Cie

S. et R. 592

Pourquoi nous sommes sociaux

DANS LA MÊME COLLECTION

CALIPPE (Charles), Docteur en théologie. — **L'Education chrétienne de la Démocratie**, *Essai d'apologétique sociale. (66)* .... 1 vol.

CETTY (H.). — **Les Œuvres sociales et ouvrières en Allemagne.** *(266)* .... 1 vol.

CLERCQ (Victor de), Avocat à la Cour d'appel de Paris. — **Les Doctrines sociales catholiques en France,** *depuis la Révolution jusqu'à nos jours.* Avant-propos par Georges GOYAU. — Première partie : *Les Précurseurs.* — Deuxième partie : *Les Contemporains.* 2 vol. *(145-146)*
1 fr. 20

CONTENSON (Ludovic de). — **Les Syndicats Professionnels Féminins.** *(548)* .... 1 vol.

DOMET DE VORGES (C·), Ancien ministre plénipotentiaire, membre de l'Académie de Saint-Thomas, etc. — **L'impôt et les Théologiens.** *Etude philosophique, morale et économique. (51)* .... 1 vol.

HUB (Gustave). — **Les Œuvres de Protection de la Jeune Fille.** *(474)* .... 1 vol.

LAMY (E.), *de l'Académie française.* — **Catholiques et Socialistes.** A propos des *Semaines sociales. (551)* 1 vol.

LEROY-BEAULIEU (Anatole), de l'Institut. — **Christianisme et Démocratie, Christianisme et Socialisme.** *(370)* .... 1 vol.

LORIN (Henri). — **L'Organisation professionnelle et le Code du travail.** *(442)* .... 1 vol.

MÉLINE (Pierre). — **De la Science à l'Action,** *Etude de Philosophie sociale (468)* .... 1 vol.

NAUDET (P.), Professeur au Collège libre des sciences sociales. — **Premiers principes de Sociologie catholique.** *(54)* .... 1 vol.

NOBLEMAIRE (G.). — **Le Complot contre la famille** *(486)* .... 1 vol.

RASTOUL (Amand). — *Une organisation socialiste chrétienne.* - **Les Jésuites au Paraguay.** *(120)* .. 1 vol.

TOUSSAINT (A.), Licencié ès lettres. — **Collectivisme et Communisme devant la Doctrine catholique.** Préface par M. TURMANN. *(171)* .... 1 vol.

VOGELSANG. — **Extraits de ses œuvres,** traduits de l'allemand. I. **Morale et Economie sociales.** Préface de G. de Pascal. *(359)* .... 1 vol.

Du même auteur. — II. **Politique sociale.** Préface par G. de Pascal. *(360)* .... 1 vol.

POURQUOI
NOUS SOMMES SOCIAUX

PAR

LE COMTE LOUIS DE CLERMONT-TONNERRE

PARIS

LIBRAIRIE BLOUD ET Cie

7, PLACE SAINT-SULPICE, 7

1 ET 3, RUE FÉROU. — 6, RUE DU CANIVET

1911

Reproduction et traduction interdites.

Pourquoi nous sommes sociaux

Parmi les sensations que j'ai reçues au cours des huit années de ma vie militaire, il en est deux qui, toutes secondaires qu'elles aient d'abord semblé, se sont ensuite imprimées peu à peu dans mon âme et y demeurent ineffaçables : les faits qui les ont provoquées méritent à peine qu'on les rappelle : les voici cependant dans toute leur simplicité.

Le premier me reporte à mes premières journées de Saint-Cyr, dans le cadre sévère où je me trouvais brusquement transporté à dix-sept ans, passant de nouveauté en nouveauté, de surprise en surprise, intimidé, effarouché et tremblant devant le moindre caporal : les jours heureux de Stanislas et de Janson n'étaient pas loin, je gardais le doux souvenir de notre familiarité avec des maîtres parfois quinquagénaires, et j'osais à peine ici lever les yeux sur mon lieutenant de vingt-quatre ans qui m'apparaissait sous les traits d'un supérieur puissant et redoutable, tant la discipline, force des armées, marquait déjà son empreinte sur mon esprit préparé par un long atavisme à s'y ployer sans étonnement... A la première théorie qu'il nous fit, le lieutenant parla ainsi : « Je suis chargé pendant deux ans de votre instruction et de votre éducation militaires... » Ces deux mots, le second surtout plus fortement scandé, résumaient sa causerie sincère, intime et attachante. En quels termes la poursuivit-il, je ne saurais le dire, mais à côté du rôle de l'instructeur la mission de l'éducateur m'apparut ce jour-là sous une forme précise, et j'en ai retenu la vision.

Quelques années plus tard, je rencontrai sur mon chemin un officier auquel un de mes proches, officier lui-même, avait voué une affection véritable. Nous parlions de ces grands enfants que sont les soldats, de l'art de gagner leur confiance, du bien qu'on pouvait leur faire, de l'affection qu'on devait leur témoigner, et il me dit ces mots qu'un écho très fidèle a souvent dans la suite évoqués dans mon souvenir : « Quand je crie « Garde à vous ! » devant le front de mon escadron et que nous présentons le sabre à l'étendard, un frisson court dans mes veines, ma responsabilité de chef m'apparaît, impérieuse et terrible; je me dis que là, derrière moi, il y a des hommes dont j'ai la charge, des hommes dont la valeur morale est peut-être supérieure à la mienne ; et je me demande avec angoisse si je fais un vraiment bon usage de l'ascendant et de l'autorité que j'ai sur eux. »

Ces deux incidents de ma carrière, moindres en apparence que beaucoup d'autres, ont, avec le recul du temps, passé au premier rang de mes souvenirs : ils ont eu une influence profonde sur la méthode avec laquelle j'ai formé mes pelotons : ils demeurent présents à mon esprit aujourd'hui que je n'ai plus derrière moi des cuirassiers qui saluent l'étendard et qui devant lui m'ont fait serment d'obéissance, mais en face de moi un peuple libre de me juger, de me suivre ou de me combattre, des hommes qui me regardent agir, qui s'inspirent de mes actions, qui envisagent leur situation comparée à la mienne, qui cherchent, sans doute, le pourquoi de l'une et de l'autre.

I

Combien, parmi ces hommes me considèrent avec curiosité, de l'air dont on examine dans une vitrine de musée un type hybride d'animal ou de végétal, et finissent par me dire, en souriant : « Vous êtes un phénomène » ! Combien veulent me reléguer chez l'antiquaire pour m'offrir à quelque collectionneur averti du nouveau monde en spécimen d'une intéressante espèce qui se raréfie chaque jour, parce qu'il n'y a plus pour elle assez d'oxygène dans l'air ! combien me disputent un coin dans l'autobus sous prétexte que ma place est dans les daumonts d'antan et les coupés à housses ! combien me traitent d'épave d'ancien régime, et à ce titre m'évincent par principe de toutes les fonctions du régime nouveau ! combien professent à mon endroit une haine implacable et aveugle, parce qu'ils croient voir en moi l'ennemi héréditaire, l'éternel réactionnaire, le perpétuel obstacle à tout progrès moderne ! combien enfin, — *tu quoque, fili mi*, car il y en a, hélas ! — issus du même milieu que moi, se laissant impressionner par tout cela ou y trouvant à leur inertie une excuse, se découragent, s'ankylosent, ouvrent la porte à la paresse et s'en vont répétant de par le monde : « Il n'y a plus rien à faire en France pour nous! »

Bien au contraire, il y a tout à faire en ce pays : partout il y a pour nous une place si nous voulons la prendre; voilà ce qu'il faut répéter sans relâche à ces inertes, à ces étonnés, à ces sceptiques, à ces adversaires de bonne et de mauvaise foi. Car l'heure où nous vivons est féconde : c'est l'heure du travail, l'heure de la vie intense, l'heure des évolutions, des transformations radicales et des gestations douloureuses; en hâtant ces évolutions, en nous faisant les agents de ces tranformations, en étant non plus de simples spectateurs mais des acteurs, c'est-à-dire des créateurs, en faisant œuvre positive, nous marquerons en ce temps notre place; mon ambition serait de montrer que loin d'être inaptes à ce rôle, les privilégiés de la naissance et de la vie y sont préparés par leurs traditions, incités par leur amour, stimulés par leur devoir, acculés par leur raison et que leur destinée les y pousse.

Une des idées qui dominent le mouvement

social contemporain est celle qui, sur les sols les plus différents, chez les races les plus diverses, commande aux peuples devenus souverains de réaliser le progrès matériel et moral des hommes qui, autrefois, semblaient frappés d'incapacité. Habitations à bon marché, jardins ouvriers, petite propriété rurale et homestead : cours d'hygiène et de santé, écoles ménagères et enseignement pratique ; réglementation du travail, repos hebdomadaire et salaire minimum ; organisation de la profession ; développement de la prévoyance, éveil de la solidarité et de l'aide mutuelle, assurances contre les divers risques, retraites, toute cette magnifique floraison d'œuvres connexes que présente, comme à l'aube d'un printemps ensoleillé, notre civilisation moderne, tout cela concourt au même but qui est le relèvement et l'éducation des classes pauvres : tout cela c'est le mouvement social, et loin d'y être indifférents, loin de nous en détourner, c'est à nous qu'il appartient d'en prendre la tête.

Etre social, c'est être bon, généreux et charitable, sans doute : mais c'est quelque chose de plus encore, c'est être éducateur et excitateur d'énergie : là est la nouveauté. Les exemples sublimes n'ont pas manqué au cours de l'histoire chez les classes dirigeantes et les pouvoirs publics; et depuis Martin qui, aux portes d'Amiens, coupa en deux son manteau pour le partager avec le pauvre jusqu'aux femmes qui vont souriantes dans les galetas des faubourgs répandre avec l'aumône un peu d'amour et de consolation; depuis les maisons-Dieu du moyen âge, les bureaux d'aumône au seizième siècle, les bureaux de charité de Turgot et l'assistance officielle établie par Necker jusqu'aux ateliers nationaux de la seconde république en passant par la contrainte légale chère à la Convention et à sa maxime : « Tout homme a le droit d'exiger de la société pour ses besoins du travail et des secours », les annales de la charité et de la philanthropie s'allongent d'une foule d'initiatives réconfortantes et d'institutions palliatrices. Mais nous pensons aujourd'hui que s'il faut continuer à soulager le mal là où il existe, il faut surtout prévenir le mal : nous croyons que la charité seule ne suffit pas, pas plus que ne suffit l'obligation légale; nous déclarons que l'homme qui supporte sa condition mauvaise avec une résignation passive, en s'en remettant à la société de l'améliorer, doit être secoué de sa torpeur et stimulé au travail; nous voulons son relèvement par la combinaison de l'aide personnelle et de l'aide d'autrui, par son encadrement dans la famille d'abord et ensuite dans la profession. Relever l'une, organiser l'autre, éduquer la démocratie, consciente aujourd'hui de sa force, lui apprendre à orienter cette force vers le bien, à exercer sa souveraineté en vue du progrès matériel et du progrès moral, voilà notre programme : la tradition, l'amour, le devoir et la raison nous l'ont ainsi dicté.

Au risque d'être derechef traité de phénomène, j'affirme que la tradition pousse aujourd'hui vers le mouvement social les fils de ceux dont on disait naguère : « Qu'ils s'étaient donné la peine de naître, et rien de plus ». Et pour s'en convaincre il faut remonter à leurs origines.

Après Charlemagne, tout s'est effondré: « Pendant un demi-siècle, écrit Taine, des bandes de quatre ou cinq cents brigands viennent impunément tuer, brûler, dévaster dans tout le pays. Mais par contre à ce moment même la dissolution de l'Etat suscite une génération militaire. Chaque petit chef a planté solidement ses pieds dans le domaine qu'il occupe ou qu'il détient... c'est sa manse, sa bourgade, sa comté, il va combattre pour la défendre. A cet instant le bienfaiteur, le sauveur est l'homme qui sait se battre et défendre les autres, et tel est effectivement le caractère de la nouvelle classe qui s'établit. Dans la langue du temps, le noble est l'homme de guerre, le soldat, et c'est lui qui pose la seconde assise de la société moderne. » Voilà, avec une lettre d'introduction signée d'une plume plus autorisée que la mienne, nos premiers ascendants connus.

« Grâce à ces braves, poursuit l'historien, le paysan est à l'abri; on ne le tuera pas, on ne l'emmènera plus captif avec sa famille, par troupeaux, la fourche au cou. Il ose labourer, semer, espérer en sa récolte; en cas de danger, il sait qu'il trouvera un asile pour lui, pour ses grains et pour ses bestiaux dans l'enclos de palissades au pied du donjon. » Aussi accourt-on de toutes parts vers la forteresse féodale sitôt qu'elle est construite, on se blottit à l'ombre des tours crénelées du château; le bourg est fondé, et le seigneur protecteur l'entoure d'une quatrième enceinte : à portée d'arbalète on commence à labourer les terres, les plus hardis s'avancent et défrichent la forêt. « Ayant seul des avances, le châtelain est le seul qui puisse construire le moulin, le four et le pressoir, établir le bac, le pont ou la route, endiguer l'étang, élever ou acquérir le taureau. » En un temps où selon le mot de Stendhal « n'être pas tué et avoir l'hiver un bon habit de peau est pour bien des gens le bonheur suprême », le baron féodal apparaît comme le protecteur naturel des hommes, le fondateur d'une société nouvelle ; il n'y a pas d'autre manière que celle-là d'être social à cette époque, et nos aïeux le pratiquent.

Restée vivace en Angleterre où le contact ne s'est jamais perdu entre le seigneur et le peuple, la vieille hiérarchie ne s'est pas maintenue en France, et le dix-huitième siècle nous amène à l'éclipse des classes dirigeantes à l'heure où les privilèges seuls subsistent et où les services, origine et raison d'être de ces privilèges, ont cessé d'être rendus. On pourrait se demander en passant si la noblesse seule doit porter la responsabilité de cette éclipse et s'il n'en revient pas une part à la monarchie absolue qui a, petit à petit, dépouillé la noblesse de toutes ses attributions actives, ne lui laissant que le droit et le devoir de parader. Quoi qu'il en soit, l'éclipse est venue ; on nous l'a reprochée avec sévérité ; on en parlera longtemps encore. Hormis l'homme de cour aussi étranger aux affaires de France qu'à celles du Japon, déraciné du sol, inconnu des paysans, pensionné par le roi, et s'informant à son intendant de ses dettes, et, d'autre part, le cadet de province « malheureux et ridicule », parce qu'il est loin du soleil, ruiné par le droit d'aînesse et le partage, « d'un pigeon, d'un lapin, d'une canardière et d'un chien de chasse », « haut et puissant seigneur d'un colombier, d'une crapaudière et d'une garenne (1) », à cheval sur ses droits seigneuriaux parce qu'il n'a que leur produit pour vivre et qu'il ne peut s'empêcher en conséquence de les exercer au détriment du peuple déjà écrasé par le fisc, il semble, à lire nos historiens, qu'il n'y ait pas eu alors en France d'autres types de nobles, et beaucoup l'ont ainsi cru. Voici cependant le marquis de Mirabeau, le père du tribun, s'entremettant pour les plaideurs de la montagne, chassant de sa terre les procureurs ambulants qui y viennent porter leur chicane, protecteur héréditaire de ses Provençaux jusque contre les ministres et le roi, organisant le travail des paysans, gourmandant les paresseux

(1) Taine, l'Ancien Régime.

et les ivrognes, faisant défricher sous ses yeux les terres et les donnant à bail à cent ans. Plus loin un La Rochefoucauld, futur président du comité de mendicité de la Constituante, établit dans sa terre de Liancourt une ferme modèle et une école des arts et métiers pour les enfants des militaires pauvres ; un duc de Charost abolit sur ses terres les corvées seigneuriales, fonde un hôpital dans sa seigneurie de Meillant ; voici un comte de Brienne si intimement lié à son peuple que les villageois de trente paroisses viendront jusqu'à la Convention pour réclamer sa mise en liberté ; et lorsqu'à l'Assemblée législative il se lèvera un homme devançant ses contemporains d'un demi-siècle pour se faire le pionnier de la prévoyance en demandant l'établissement de caisses de secours et d'accumulations destinées à recevoir les économies des ouvriers et des petits employés, il s'appellera Condorcet, et ce sera un marquis de l'ancien régime.

De tels exemples, trop peu connus, ne sont pas rares : ils montrent qu'au plus fort de l'éclipse, une élite est restée saine, maintenant la tradition ; dans nos galeries de portraits du dix-huitième siècle, en dépit des brillants habits de cour et des perruques poudrées, nous avons des aïeux qui ont échappé à la corruption générale ; notre jeunesse sociale a le droit de s'en enorgueillir et le devoir de s'en réclamer.

D'aucuns pensent, — et j'en suis, — que nos ascendants immédiats n'ont pas été indignes de leurs devanciers et qu'il y a chez eux de beaux exemples à méditer, de bons conseils à prendre : telle une famille de ma connaissance, propriétaire héréditaire d'une terre considérable et qui s'était si solidement attaché les habitants de ses villages qu'un grand procès soutenu par elle les passionna tous et qu'ils célébrèrent en une fête familiale la victoire de son droit, tout comme les vilains du moyen âge se réjouissaient des grands exploits guerriers de leurs châtelains. Aujourd'hui, l'héritier de cette maison a gardé, dans une sphère sans doute amoindrie par les circonstances politiques et réduite à un groupe de communes, tout l'ascendant moral, toute l'influence de ses pères : et à le voir ainsi vieillir au milieu de l'estime et de la confiance de tous, vous croiriez entendre l'écho de ces lignes datées d'Harcourt en 1760 et signées du bailli de Mirabeau : « J'admire la bonne et honnête grandeur de maître ; tu ne saurais penser le plaisir que j'ai eu, les jours de fête, de voir le peuple entier partout dans le château, et de bons petits paysans venir regarder le bon patron sous le nez, avec l'air de fraternité sans familiarité. Le bon duc ne laisse pas plaider ses vassaux, il les écoute et les juge en les accommodant avec une patience admirable. »

On dira sans doute, — et j'attends là le contradicteur, — que l'échec de toutes ces bonnes intentions a été complet, que la faillite de toute cette charité a été manifeste ; que nos pères, même les meilleurs, n'ont ni arrêté la misère ni dissipé les haines, que leur bonne volonté s'est dépensée en vain, que tout cela n'a pas suffi à donner tort à cette parole de Sieyès : « Les classes privilégiées n'ont jamais su céder doucement à l'action du temps, à l'influence des lumières », ni empêché un homme politique contemporain d'écrire que « la noblesse a toujours été animée de l'esprit de conservation sociale le plus étriqué qui se puisse voir (1). » C'est qu'un malentendu, encore bien tenace, a longtemps voilé la vérité aux yeux des privilégiés de la vie. Le devoir d'assistance a été

(1) J. CAILLAUX, *les Impôts en France*, préface.

compris de tous, ou à peu près ; le devoir d'éducation, à quelques exceptions près, n'a été entrevu par personne : et l'on peut dire que le seigneur féodal, » à la rude main gantée de fer qui rudoie, mais protège », est plus rapproché du social de notre époque que n'en furent nos pères avec toute leur charitable bonté. Ne renions pas pour cela ces derniers, et rendons-leur hommage ; les traditions qu'ils nous ont léguées sont assez belles pour être la base de notre action sociale : il nous suffit de leur donner une forme différente, mieux adaptée au siècle où nous vivons, et ce n'est là qu'un conseil du bon sens. Que diriez-vous d'un homme né dans une famille où l'élégance est héréditaire, s'il portait, sous prétexte de fidélité à ses traditions, l'habit brodé de Louis XV ou la cravate à triple tour ?

Spectatum admissi risum teneatis, amici ?

Ne rend-il pas mieux à ces traditions le culte qu'il leur doit en veillant au pli de son pantalon sous l'impeccable redingote ?

C'est ainsi que nous nous inspirerons des leçons du passé : nous y chercherons la bonté de nos aïeux, leur charité, leur simplicité et

leur dévouement ; mais, laissant aux attardés
l'obstination d'habiller ces vertus au goût d'antan qui a mal fait ses preuves, nous les vêtirons
á la mode de ce jour ; entre nos mains, elles
s'appelleront apostolat, solidarité, rénovation et
aide mutuelle : alors nous serons sociaux par
nos traditions aidées de notre effort personnel ;
cet effort de chacun est aujourd'hui plus que
jamais nécessaire, et nous voilà, sortant du
domaine de l'histoire, sur le terrain commun
où nous rencontrons le bataillon de tous les
privilégiés de la vie.

« Au dixième siècle, écrit Taine du noble, peu
importe son extraction : souvent c'est un comte
carlovingien, un bénéficier du roi, le hardi propriétaire d'une des dernières terres franques. Ici,
c'est un évêque guerrier, un vaillant abbé ;
ailleurs, un païen converti, un bandit devenu
sédentaire, un aventurier qui a prospéré. » Au
vingtième siècle, il en est de même : enrôlons
tous les privilégiés de fait, ceux qui ont en partage les dons de la naissance, de la fortune, du
savoir, de l'intelligence ; tous les riches, ce mot
étant pris dans son plus large sens ; nobles pos-
sesseurs de terres familiales, maîtres de forges
héréditaires, ouvriers devenus patrons, écono-

mistes, savants, écrivains, orateurs, poètes ou artistes, tous ceux auxquels une supériorité quelconque donne une parcelle d'ascendant sur leurs frères...: qu'importe leur extraction ? Le noble aujourd'hui, c'est l'éducateur ; c'est celui qui met en valeur le capital concret ou abstrait qu'il a reçu, qui s'en sert pour améliorer l'état matériel et moral de ses frères, qui leur tend une main généreuse pour les aider à gravir d'échelon en échelon ; le noble, c'est le social. Pour faire cet office, il n'a pas besoin d'ancêtres ; il est lui-même un ancêtre, il ne lui faut que du cœur. Trois sentiments intimes l'y stimulent : l'amour, s'il est bon ; le devoir, s'il sait le comprendre ; la raison, s'il veut bien réfléchir.

Et d'abord nous serons sociaux par amour.

Je vous louerai, Seigneur, je vous bénirai, mon Dieu,
Pour le brin de l'hysope et la cime de l'yeuse,
Pour mon frère terrible et plein de bonté, le Feu,
Et pour l'Eau notre sœur, humble, chaste et précieuse.
Pour la terre qui, forte, à son sein vêtu de fleurs
Nourrit la mère avec l'enfant riant dans les langes
Et l'homme qui vous aime, et le pauvre dont les pleurs
Au sortir de ses yeux vous sont portés par les anges.

Ainsi chante, en la ville du Lys, célébrée par M. Anatole France (1), le poète au foulard

(1) Anatole FRANCE, *le Lys rouge.*

rouge, Choulette, épris de la campagne d'Assise où il y a « des bois et des roches, des clairières qui découvrent un peu de ciel avec des nuages blancs », et surtout la trace du bon saint François et l'écho de son cantique du soleil mis ici « en vieilles rimes françaises, simples et pauvres ».

Il n'est pas un lecteur, en vérité, qui ne se soit senti ému par cet admirable chant du fils de Bernardone, par l'amour qui s'en exhale pour la création, toutes les choses qui y palpitent, les êtres qui y vivent. Cet amour pour le monde « semé d'or, d'émeraudes et d'outremer », et pour tous ses habitants, depuis monseignenr frère soleil, qui fait scintiller nos sœurs les fleurs, depuis le frère faucon, le frère levraut, le frère loup et nos sœurs les hirondelles, jusqu'à l'homme doué de liberté et de raison, chef-d'œuvre de la nature, et notre frère, plus que tout autre, l'homme de toutes les classes et de tous les degrés de mérite, grand ou petit, riche ou pauvre, bon ou méchant, frère lépreux, frère brigand ou frère soumis à la règle, nul ne l'a mieux traduit que le grand saint d'Assise, nul ne l'a mieux senti. « A la vue des douleurs, des misères et de la corruption , a écrit

M. Paul Sabatier; au lieu de s'enfuir, il pansait, il guérissait, il sentait sourdre en son cœur des flots de compassion. Il nè prêchait pas seulement l'amour aux autres, il en était ivre lui-même ; il le chantait, et ce qui vaut mieux encore, il en vivait... il allait non vers les bien portants qui n'ont pas besoin de médecin, mais vers les malades, vers les oubliés ou les dédaignés. Il dispensait les trésors de son cœur suivant les besoins, et réservait le meilleur de lui-même aux plus pauvres et aux plus perdus, aux lépreux et aux brigands. »

Quelle leçon pour nous, et quel exemple ! Saint François était, comme nous, un privilégié de la vie : comme nous il pouvait jouir en paix de ses faveurs sans les partager avec d'autres ; comme nous, peut-être, et cela me semble très consolant et très réconfortant parce que cela le rapproche de nous, et qu'il n'est plus dès lors chimérique de chercher à l'atteindre, il avait commencé par jouir avec excès de cette vie : « Non seulement le fils de Bernardone imita les jeunes gens de son âge, mais il mettait son point d'honneur à les dépasser (1). » Vinrent les remords et

_____

(1) P. Sabatier, *Vie de Saint François d'Assise.*

les bonnes résolutions, les luttes intérieures, les victoires sur le mal et les rechutes, étapes habituelles des conversions sincères, jusqu'au jour où la rencontre inattendue d'un lépreux fit jaillir l'étincelle en son cœur : l'instinct lui avait fait tourner bride, il se ressaisit, revint sur ses pas, fixa le visage mutilé, baisa la main putride ; puis, le lendemain, il prit le chemin de la léproserie, tout consumé d'amour pour les malheureux dans lequel le moyen âge symbolisait le dégoût et l'horreur : c'était des hommes, c'était ses frères, François n'en voulait savoir plus.

Il me semble que s'il revenait aujourd'hui parmi nous, le *poverello* d'Assise rencontrerait plus d'une fois encore la lèpre aux carrefours de nos chemins, dans les faubourgs de nos villes, dans les villages de nos plaines et les cités ouvrières de nos vallées : salaires de famine, tables sans pain, foyers sans feu, misère matérielle : misère morale, désordre, ivrognerie, débauche, marée montante de jalousie, de rancune et de haine, n'est-ce pas la lèpre que cache souvent derrière une façade parée et brillante notre époque de luxe, de bien-être et d'incessants progrès ? Puisse l'amour qu'avait conçu François pour tous les maux de ce monde nous servir de modèle !

Ces êtres qui souffrent dans leurs corps et dans leur âme, jeunes mères trop tôt retournées au travail, pères dont le labeur continu ne parvient pas à nourrir une famille chaque jour croissante, jeunes filles qui perdent à l'atelier leur santé physique et morale, ouvriers que guettent tous les vices, prolétaires dégradés, proie de l'orateur de cabaret qui remue en eux ce qu'il y a de plus vil pour s'élever lui-même à leurs dépens et avec leur aide, voilà ceux qu'il faut aller chercher, relever et guérir.

Ce sont des créatures en tous points semblables à nous, vivifiées par le même sang, pétries de la même chair; des êtres doués d'intelligence, de raison et de liberté, capables en conséquence de discerner le bien du mal, maîtres de se donner à l'un ou à l'autre ; ils sentent comme nous, comme nous ils connaissent l'amitié, la joie, la souffrance et les larmes : fils, maris et pères qui ont goûté la douceur des unions familiales, l'amère tristesse des séparations. Même point de départ chez eux que chez nous, même destinée aussi : car les problèmes qui devant nous se dressent, se posent également devant eux, et pas plus que la leur, notre raison n'est apte à les résoudre : ce sont comme nous des voyageurs qui à grands pas et sans jamais s'arrêter ni revenir en arrière se hâtent vers un but dérobé à leurs regards, vers l'au-delà mystérieux où pour le croyant sans doute ce n'est pas l'incertain, mais où du moins c'est l'inconnu pour tous. S'il vous est jamais arrivé de passer quelques jours entre l'eau et le ciel sur un navire isolé au milieu de l'océan, vous avez certainement senti l'intime communication que crée entre tous les passagers la vie du bord : à peine la côte a-t-elle disparu de l'horizon que les conversations s'engagent : et bientôt la camaraderie s'est établie, les relations se sont nouées, des liens de sympathie et de fraternité ont rapproché les hommes des pays les plus différents, des conditions les plus diverses, unis dans le partage des mêmes intérêts et dans la crainte des mêmes périls. Ces liens mystérieux, nés du hasard d'une traversée commune des mers, sont l'image de ceux plus solidement forgés qui créent une indissoluble union, une solidarité absolue entre les hommes, passagers de la vie, partis de la même jetée, voguant à travers les brumes et les tempêtes, entre les gouffres et les récifs, vers le même port inconnu dont chaque heure les rapproche.

C'est pourquoi nous aimons nos frères, et

puisqu'il en est qui souffrent, cherchent leur voie, errent et se perdent, puisque les mauvais guides les guettent pour les précipiter dans l'abîme, soyons leurs médecins, leurs tuteurs, et leurs bons conseillers... *Iter para tutum,* faisons-leur la route sûre. Plus ils sont victimes du vice et de la débauche, plus ils sont attaqués de gangrène morale, plus ils ressemblent au frère lépreux, plus ils sont dignes de notre pitié. Plus ils nous haïssent et nous veulent du mal, plus ils méritent de notre part l'amour qui réchauffe, dessille les paupières, console, caresse et convertit.

Si l'amour nous incite à aller au peuple en remuant au fond de nous ce qu'il y a de meilleur, le devoir le suit de près, et, du ton impérieux qu'il emprunte, commande une action immédiate : car de l'influence incontestable que nous donnent nos biens matériels et spirituels résultent nos responsabilités. Écoutons la voix de la conscience : à la vue des taches qui souillent le tableau brillant du monde contemporain n'avons-nous pas déjà fait un retour sur nous-mêmes ? Voici un mendiant en haillons à demi-mort de froid à l'un de nos carrefours : il est dénué de tout et rien ne me manque ; il n'a pas de gîte et j'habite une confortable maison. Ma pensée première à sa rencontre a été une pensée de gêne, peut-être de honte, car il symbolise l'humanité qui souffre, et je me demande si la paresse et les vices de cette humanité souffrante sont les seules causes de la misère ; si même la paresse est le défaut des seuls paresseux, le vice la tare des seuls vicieux, l'ivrognerie le péché des seuls ivrognes ; et si l'état social qui m'a fait une large place au soleil et qui à d'autres en laisse une si petite n'est pas la cause initiale de toutes ces hontes et de tous ces maux.

Plus loin, je vois traîner au banc des accusés un homme qui réduit à la dernière extrémité a dérobé une miche de pain, un manteau peut-être : théoriquement il a commis un vol tout comme le cambrioleur qui par effraction s'introduit la nuit dans notre maison et y fait main basse sur les objets qu'il y trouve ; les codes n'établissent aucune distinction entre l'un et l'autre, tout au plus les circonstances atténuantes seront-elles invoquées par quelque juge indulgent ; et voilà que me revient à la mémoire cette pensée singuliérement hardie de saint Thomas : « En cas d'évidente et d'urgente nécessité où il est manifeste qu'il faut subvenir avec tout ce que l'on rencontre à un besoin pressant, alors on peut licitement pourvoir à ces besoins avec les biens d'autrui ; ce n'est proprement ni un vol ni de la rapine » ; et je ne puis du moins me défendre de conclure : ce qu'il faut condamner, ce n'est pas le pauvre misérable, mais bien l'ordre social qui l'a réduit à cette extrémité.

A quelques pas de là se juge le procès d'un malheureux que l'alcoolisme a poussé jusqu'au crime ; certes il semble ne mériter aucune pitié. Et pourtant si cet homme a pris l'habitude à la rentrée de son travail de quitter les siens pour aller boire, n'était-ce pas parce que sa maison était trop mal tenue, trop inhospitalière, le repas mal préparé, les enfants déguenillés et malpropres ? avait-il même un foyer ? Mais s'il se fût trouvé à sa portée une organisation qui lui eût permis d'acquérir à l'aide de son travail une maison, « son vêtement de pierre (1) », un jardin, fleur à la boutonnière de ce vêtement, s'il se fût trouvé dans le pays une œuvre d'enseignement ménager pour former la maîtresse de maison, une œuvre de jeunesse pour apprendre

(1) Abbé Lemire.

aux enfants avec le respect de leurs parents l'amour de la propreté et de l'ordre, cet homme n'eût-il pas préféré un foyer ainsi paré à la salle aux relents malsains du cabaret où l'on achète chaque soir avec l'argent gagné à la tâche un peu de mort et un peu de crime ?

Il suffit pour voir clairement où est le devoir social d'avoir une fois au moins en sa vie médité de tels exemples. « Deux choses, a dit saint Thomas, sont nécessaires à l'homme pour bien vivre : l'une, et c'est la principale, consiste à agir vertueusement, car c'est la vertu qui fait bien vivre ; l'autre, secondaire et pour ainsi dire instrumentale, est d'avoir une part suffisante des biens corporels dont l'usage est nécessaire à l'exercice de la vertu. » C'est aux riches qu'il appartient de veiller à ce que chacun ait sa part de ces biens nécessaires, car ils sont les administrateurs de Dieu ici-bas, et par riches nous entendons tous ceux qui ont reçu ou acquis un capital avec le devoir de le faire valoir, qu'il s'appelle naissance, fortune, intelligence, talent ou instruction. Ces dons, inégalement répartis entre les hommes, n'ont de légitimité et même de raison d'être que s'il leur correspond des charges : « Tâchez de vous faire pardonner d'être princes », écrivait en 1842 le duc d'Orléans dans son testament politique à l'adresse de ses fils : tâchons nous-mêmes de nous faire pardonner nos biens matériels et spirituels ; mettons-les au service de la démocratie qui s'éveille ; travaillons à l'éduquer, à l'éclairer, à lui donner le sentiment de ses droits et des devoirs qui en sont inséparables ; l'homme doit connaître ses droits pour avoir conscience de sa valeur et de la dignité de son travail : « C'est avec fierté, disait un patron américain, John Mitchell, que je vois un ouvrier réclamant son droit avant d'accepter une libéralité. » Et l'un de nos évêques s'écriait récemment dans une harangue aux patrons de son diocèse : « 50.000 francs de salaires valent mieux que 500.000 francs d'aumônes. » Mais ces droits ne tiendraient pas debout s'ils n'étaient encadrés de devoirs corrélatifs, et l'un de ces devoirs, tout homme doit en être persuadé, est le travail opiniâtre ; car l'aumône est une honte pour l'ouvrier capable de travailler ; elle l'avilit en l'encourageant à la paresse, elle l'amène à oublier qu'avant d'être à la charge des autres il doit lui-même pourvoir à ses besoins, elle l'éloigne de cette idée d'aide personnelle, de cet esprit d'en avant que le président Roosevelt,

en un de ses discours, conseillait en ces termes :
« Tout homme a besoin parfois d'être relevé quand il trébuche, mais aucun homme ne peut se permettre de se laisser porter, et il ne vaut le temps de personne d'essayer ainsi de porter quelqu'un d'autre. » Voilà le rôle de médecin et d'éducateur que nous commande notre devoir si nous savons le comprendre et l'écouter.

Et voici enfin pour ceux d'entre nous, s'il en est, dont le cœur est fermé à l'amour : pour ceux qui n'ont pas aperçu la forme nette du devoir derrière les brumes de la paresse et les vapeurs flottantes du doute, le dernier argument qui nous incite à l'action sociale : il est d'essence utilitaire, partant moins noble et généreuse... qu'importe s'il peut aider à la conversion de quelques-uns ! c'est la voix de la raison qui parle.

Balzac a écrit quelque part : « Les prolétaires me semblent les mineurs d'une nation..., le droit d'élection ne doit être exercé que par ceux qui possèdent le pouvoir, la fortune ou l'intelligence. » Il serait ici hors de propos de discuter du degré de vérité de ces lignes : mais il est un fait brutal, contre lequel ne sauraient prévaloir ni les raisonnements, ni les regrets, ni les rêves, c'est que l'histoire des temps modernes a donné tort au romancier et que plus l'heure avance, plus le droit d'élection se trouve en tout pays aux mains de ceux qu'il voulait en priver. Et cette situation crée pour nos nations, à la minute présente, un danger incontestable.

Puisque les prolétaires sont devenus des citoyens, l'équilibre rêvé par Balzac est rompu ; et pour qu'il se rétablisse il faut, ou qu'ils cessent d'être des citoyens, ou qu'ils cessent d'être des prolétaires. Il est sans doute des théoriciens qui dans un système social imaginaire songent à priver de leurs droits politiques les hommes qui n'ont ni fortune, ni pouvoir, ni intelligence : autant vaudrait peut-être vouloir arrêter à Bordeaux les eaux de la Garonne et les faire remonter jusqu'au Val d'Aran. L'action sociale de ceux qui dans les nations modernes se sont efforcés de procurer à ces prolétaires devenus citoyens les biens matériels qui assurent l'indépendance et les biens spirituels qui assainissent le jugement me semble d'une utilité plus pratique : la conscience populaire s'éveille ; l'éducation de la démocratie se fait, bon gré mal gré : si nous n'y contribuons pas, si nous ne la hâtons pas nous-mêmes, elle se fera sans nous, elle sera faite contre nous par d'autres : et malheur alors aux spectateurs indifférents, aux inertes, aux égoïstes qui seront restés au coin de leur feu à l'écart ! malheur à ceux dont le peuple devenu majeur aura senti l'absolue inutilité en ce monde : il n'y aura plus place pour eux nulle part et plus d'un sans doute, châtié durement pour avoir laissé passer l'heure, s'écriera alors en se frappant la poitrine :« Ah ! si nous avions su ! »

Il est donc de toute nécessité que ces travailleurs devenus nos égaux en droits politiques, et plus forts que nous en nombre, participent à la propriété, à l'instruction, à la raison et à tous les biens de ce monde, comme ils participent au pouvoir. « L'équité, disait Léon XIII, et nous pouvons ajouter la raison impérieuse, demande que l'État se préoccupe des travailleurs et fasse en sorte que de tous les biens qu'ils procurent à la société il leur revienne une part convenable, comme l'habitation et le vêtement, et qu'ils puissent vivre au prix de moins de privations, de moins de peines... Il importe que les lois favorisent, réveillent et développent dans les masses populaires l'esprit de propriété. » Habitations à bon marché, jardins ouvriers, petite propriété rurale, bien de famille, voilà en quelques mots tombés d'augustes lèvres la charte de ces œuvres sociales; les syndicats, les caisses de crédit, les coopératives, les écoles ménagères, et bien d'autres les complètent et les couronnent ; grâce à elles les classes populaires montent lentement d'échelon en échelon à une condition plus noble et plus digne, chaque jour améliorée ; elles prennent conscience de leur valeur réelle, elles s'instruisent, elles s'éveillent aux idées de solidarité, de fraternité et d'aide mutuelle, guidées par leurs aînées les classes dirigeantes, apportant parfois à cette élite quelque appoint nouveau et lui infiltrant dans les veines un sang neuf, jeune et vaillant.

II

C'est donc parce que la nécessité le commande, mais plus encore, — car nous voulons obéir à de plus généreux motifs, — par amour, par devoir et par tradition, que nous, les jeunes, nous envahirons le mouvement social. Où en sommes-nous, à l'heure présente, et qu'allons-nous faire ? que changerons-nous aux vieilles routines ? quelles difficultés allons-nous rencontrer ? quels obstacles aurons-nous à franchir ? c'est la question qui se pose au moment de passer de la construction de la théorie à son application.

« Vous êtes un singulier pays, me disait un jour un diplomate d'outre-mer. La France et Paris me semblent divisés en deux camps opposés entre lesquels vont et viennent sans jamais aboutir à rien de rares parlementaires : la place publique, la foule grouillante, l'action et les excès d'un côté ; de l'autre, les salons, une clientèle restreinte, élégante et polie, étrangère à toute activité, et n'ayant gardé des classes dirigeantes d'autrefois que l'art de manier l'épigramme ; ici la vie, là la paralysie ; d'une part le présent et déjà presque l'avenir ; de l'autre le passé chaque jour plus éloigné. Une impulsion vigoureuse a, depuis un siècle, été donnée au monde. Partout les éléments les plus différents de la société se sont donné la main dans un même bond en avant : le mouvement social a vu à sa tête jusqu'à des empereurs et des papes...

il n'y a qu'un pays où les classes élevées s'en soient tenues à l'écart, et c'est la France ! N'allez pas me contredire : qui chez vous élabore les propositions et les rapports multiples d'où germeront les lois sociales ? qui propage les idées d'hygiène et de bien-être matériel ? qui se fait, en ce temps de camelots, celui de la solidarité, de l'aide mutuelle et du progrès ? qui, en un mot, travaille ? Est-ce l'homme des salons ou des clubs ? dans le monde qui vit, qui évolue et qui pense, je ne l'ai rencontré nulle part. Il me plaint, le sourire aux lèvres, d'avoir affaire à quelques gouvernants mal peignés, à quelques politiciens sans manières, et cependant je me plais parfois dans la compagnie de ces hommes, car ils ont avec moi des conversations qu'il me serait impossible d'engager avec les meilleurs de vos maîtres de maison. Lorsque je veux me délasser, je viens chez vous, m'émerveiller de votre goût, de votre élégance, de votre esprit qui sait juger avec finesse les hommes et les choses du jour : sur ce terrain de parterres de broderie, vous êtes inimitables. Çà et là, il m'est arrivé sans doute de rencontrer loin de vos salons quelques-uns des vôtres ; dans l'armée, dans la magistrature, voire même dans la politique ou dans le clergé :

mais qu'ils y sont en petit nombre et qu'ils y
semblent parfois dépaysés! Vous êtes les dignes
héritiers de ces gens de cour qui riaient si fort
des balourdises d'un czar Pierre ou de la gau-
cherie d'un Frédéric II, de ces causeurs qui avant
d'admirer un général demandaient « s'il était
aimable », de ces émigrés, qui ne travaillaient le
jour qu'à rapiécer de vieux habits pour danser le
soir chez la landgrave. Votre plus beau talent
est le savoir-vivre; votre véritable emploi consiste à recevoir et à être reçus.

« Vous me dites qu'on vous a jetés dehors. Ne
vous êtes-vous pas mis un peu dehors vous-
mêmes? Vous étiez émigrés, c'était un fait, hors
de la France qui vit et qui pense : avez-vous
jamais essayé d'y rentrer? et ne vous êtes-
vous pas résignés à trouver confortable cette
émigration qui vous épargnait les luttes politiques et oratoires, la longueur sérieuse des rapports, le fatras des budgets, la monotonie des
mots assemblés, l'aridité des chiffres qui s'ali-
gnent, et les veillées de travail? Ne croyez pas
que la vie en France soit intenable, qu'il n'y ait
plus de place pour vous dans une république
aussi avancée. Une république, allons donc!
j'allais dire une monarchie dont le souverain est

momentanément en voyage et où les grandes charges de la couronne sont occupées par des figurants. Que n'avez-vous jamais levé les yeux au delà de vos frontières? Vous m'enviez, j'habite un pays beaucoup plus démocratique que le vôtre, et même beaucoup plus avancé, car l'Etat a la prétention d'y donner seul une pension à tout vieillard, lorsque chez vous on en est encore à discuter la part de l'ouvrier et celle de l'employeur dans un projet de retraites qu'on n'arrive pas à mettre au jour! Hier, j'étais dans une contrée voisine dont vous admirez sans doute le régime, puisque ce n'est pas la république, et dans ce pays l'assurance contre la maladie et contre la vieillesse est obligatoire : dans ce pays personne ne comprendrait que l'on fît élever ses enfants ailleurs qu'au gymnase, c'est-à-dire au lycée. Vous vous plaignez d'être écrasés d'impôts, d'hériter de biens à demi rongés par le fisc : c'est la libre Angleterre qui vous en a donné l'exemple, et, si vous voulez édification plus ample, lisez les récents discours du dernier chancelier de l'empire allemand. Regardez donc autour de vous et montrez-moi beaucoup de nations catholiques ou monarchistes qui n'aient pas devancé la vôtre sur le terrain social ! »

Ainsi parlait mon interlocuteur, et l'on doit avouer que, sur plus d'un point, il avait raison. Il existe, en effet, dans notre pays, un mouvement social accaparé par les hommes qui ont fondé et consolidé la troisième république, et mené d'une main plus ou moins sûre par ceux qui la représentent aujourd'hui. A quelques exceptions près, par fidélité à un noble idéal politique, dont les promoteurs de ce mouvement étaient les adversaires, nos pères s'en sont mis à l'écart sans s'apercevoir que leurs propres idées, reprises et habillées par ces adversaires, lui servaient de base et d'ossature. Les conservateurs ont vu ainsi grandir à côté d'eux les œuvres d'hygiène et de santé qui diminuent la mortalité et combattent l'affaiblissement de la race, celles qui enseignent la solidarité, stimulent la prévoyance, syndicats, caisses de crédit agricole, sociétés de secours mutuels, les groupements qui, sous le nom de sociétés de gymnastique et de tir, rapprochent les jeunes gens en leur donnant des idées, des aspirations et une orientation communes, les œuvres d'habitation à bon marché, de jardins ouvriers, de retour à la terre qui élèvent le travailleur à la propriété et font parvenir jusqu'à lui un peu du sourire de la vie... Et nos pères n'ont pas reconnu leur sang. L'œuvre sociale des trente dernières années est grande, ils n'y ont pris aucune part : seconde émigration à l'intérieur plus funeste encore que la première, car elle a laissé accoler l'épithète de « réactionnaires » à ces hommes aux idées généreuses, aux cœurs bons et dévoués. Et voilà comment a pu s'accomplir sans eux et presque contre eux, à l'aide de leurs idées devenues la parure de certains geais, leurs adversaires, et involontairement d'accord, malgré tout, avec la loi de l'Évangile et la voix des chefs de l'Église, un mouvement social considérable, dont les résultats bienfaisants commencent à se faire apprécier.

Mais voilà que ce mouvement risque de dévier, parce que ses promoteurs, tout comme nos pères lorsqu'ils refusaient d'y prendre part, se sont laissé accaparer par la politique stérile : ils ont perdu leur temps à séparer l'État de l'Église, à grignoter l'armée et la marine, à dénoncer les officiers dont ils pourchassaient les croyances, à élaborer et à voter des lois de réclame électorale, pendant que certaines questions sociales demeuraient indéfiniment à l'ordre du jour et que les intéressés en réclamaient en vain la solution : si bien qu'à mesure que le pays s'enlizait dans la politique néfaste, à mesure que le règne des politiciens s'affirmait, la démocratie triomphante oubliait les revendications de la démocratie souffrante, les promesses de la démocratie militante ; ce qu'un parlementaire de la majorité traduisait récemment devant moi en ces termes : « De la générosité et du dévouement, on en trouve encore et beaucoup chez les socialistes et les conservateurs ; chez les radicaux nantis, on chercherait en vain l'une et l'autre. »

Voilà pourquoi le mouvement social français, accaparé d'abord par nos adversaires politiques, puis en partie renié par eux, degénère aujourd'hui et vacille. Tant que les conservateurs se sont entêtés à faire de la politique d'opposition et rien d'autre, ils ont refusé de s'y mêler, le privant ainsi d'une direction qui eût pu être bienfaisante. Le jour où ses promoteurs ont déraillé dans la politique de parti, ils ont cessé d'être à sa tête et l'ont laissé sans chefs ; et l'on en vient par suite à penser que l'activité politique et l'activité sociale sont inverses l'une de l'autre et que là où on monte le niveau de l'une, le niveau de l'autre descend.

III

De là résultera notre programme, et nous le résumerons ainsi : soutenir les gouvernements, les seconder, et en échange nous réclamer de leur appui, là où ils font œuvre sociale ; quand ils propagent la mutualité et le crédit, quand ils mettent l'habitation à la portée de tous, quand ils prescrivent le repos hebdomadaire, quand ils soufflent la fraternité, celle des âmes et non celle des pierres de nos murs ; nous acquerrons ainsi le droit de leur faire avec quelque autorité, lorsqu'ils s'égareront, des remontrances : les stimuler là où ils s'engourdissent, les réveiller où ils sommeillent, et là où ils s'attardent à la politique stérile, les devancer. Ne pensez pas qu'une telle voie soit hors de notre atteinte. Nos amis s'y sont engagés déjà quand, avec M. Ribot, ils se sont faits les apôtres de la petite propriété rurale et les promoteurs d'une législation qui en facilite à tous l'accession ; lorsqu'ils ont, à la suite de M. l'abbé Lemire, par une longue et laborieuse campagne inspirée de la connaissance et de la pratique du homestead américain, fait mûrir et triompher en ce

pays l'idée du bien de famille ; ils s'y engagent
encore chaque jour quand, devant les désaccords
et les lenteurs parlementaires, ils résolvent
eux-mêmes, comme chez les verriers de Folem-
bray, les fermiers de Melun et de Senlis et bien
d'autres, le problème capital des retraites
ouvrières. Ce sont là de réconfortants exemples,
disques lumineux qui, dans la nuit, montrent à
notre jeunesse sociale la voie où désormais
elle devra s'engager.

Cette voie, il est vrai, n'est pas encore aplanie,
et à peine y mettons-nous le pied que s'y dressent devant nous les obstacles : les méconnaître
serait ôter aux réflexions précédentes toute
portée pratique : pour les franchir il faut les
avoir mesurés de l'œil.

C'est d'abord autour de nous que naissent les
difficultés : et la première opposition nous vient
de notre milieu, des égoïstes, des amorphes,
des sceptiques et des jaloux qui s'y trouvent.

Juchés sur un piédestal, drapés dans leur
froide dignité, parés de biens héréditaires, les
égoïstes sont imbus de leur supériorité sur le
reste des hommes et de la crainte révérentielle
qui leur est due; fils de famille à la tête farcie de

préjugés, enfants gâtés posthumes du droit d'ainesse dont ils revendiquent les priviléges sans en réclamer les charges, fils uniques vers lesquels les préoccupations, les soins et les prévenances ont toujours convergé : beaucoup d'entre eux nous blâmeront, car ils condamnent par définition tout effort social qui peut avoir pour résultat une atteinte à leur majesté hiératique ; les meilleurs veulent bien « octroyer » quelque charte, mais ils ne vont pas plus loin : leur mentalité reste celle d'un autre âge et ils vous arrêtent sitôt que vous tentez d'attirer leur attention sur le défaut de leur cuirasse, et dès que le mot « droits » s'applique sur vos lèvres à d'autres qu'à eux seuls. Ils sont les produits atrophiés d'un système où les priviléges subsistaient sans être justifiés par des services obligatoirement rendus. Leur nombre diminue chaque jour, l'éparpillement des fortunes rendant leur recrutement difficile, et, après les avoir salués au passage, nous pouvons, sans crainte d'être arrêtés par eux, poursuivre notre chemin.

Les amorphes et les sceptiques sont plus dangereux à cause de l'influence déprimante qu'ils exercent. Les uns ne vous pardonneront pas d'avoir voulu secouer leur torpeur : « Rêves et

utopies que tout cela », vous diront les autres.
« Montrez-nous donc le canton où l'une de vos
œuvres prétendues sociales ait fait gagner deux
voix au candidat de votre choix... A quoi bon
tant vous agiter puisque votre fatigue est stérile?
Pourquoi gâter en d'inutiles efforts cette vie déjà
si courte qui vous eût souri peut-être si vous
l'aviez voulu? Jouissez plutôt de vos priviléges;
car ils dureront au moins autant que vous-
mêmes, et ne sacrifiez pas votre repos à la re-
cherche ou au triomphe de ce que vous appelez
la vérité, chose essentiellement relative. Vous
parlez d'éducation populaire et d'état social
meilleur : êtes-vous sûrs d'être les artisans de
cette amélioration, et le bonheur parfait n'était-
il pas plutôt réalisé chez les nègres d'Amérique
lorsque l'esclavage, ce gros mot qui offense vos
trop délicates oreilles, faisait d'eux d'heureux
animaux, dévoués comme de bons chiens à leurs
maîtres, libres de tout souci matériel, étrangers
à toute préoccupation morale? Ils étaient si
contents de leur sort, à la manière des sages, que
le jour où des politiciens dont les idées philoso-
phiques devaient ressembler aux vôtres, eurent
fait une guerre et tué beaucoup de monde pour
leur donner l'indépendance, les plus avisés d'en-

tre eux refusèrent de sortir de leurs cases et de quitter les familles auxquelles ils étaient attachés. Que d'illusions vous nourrissez, et qui, plus est, quel homme dangereux vous faites ! Vous parlez au peuple de ses droits, ne les connaît-il pas assez lui-même ? Ne réveillez donc pas le serpent endormi, et souvenez-vous des excès que commirent, une fois déchaînés malgré eux, vos bons nègres des Amériques... Nous cherchons justement un quatrième au bridge, venez plutôt avec nous, le jeu vous calmera et l'ordre social n'en sera que plus tranquille... » Il nous faudra tout notre sang-froid et un peu de cet esprit de contradiction qui sommeille en tout homme pour ne pas nous laisser intimider par ceux-là.

Et voici les jaloux ; ceux qui ne vous permettront pas d'entreprendre, parce qu'ils savent n'avoir rien de ce qu'il faut pour entreprendre eux-mêmes ; vous n'êtes, à les écouter, qu'un ambitieux, vous vous avilissez chaque jour en abandonnant par lambeaux vos principes, vous flattez les passions populaires pour vous faire élire député. Ils guetteront votre candidature, surpris si elle tarde à venir, heureux si elle se pose, car elle donnera raison à leurs calomnies :

Son succès leur serait d'ailleurs insupportable et, prenant volontiers leurs désirs pour des réalités, ils vous arrêteront au seuil de votre action sociale avec des réflexions et des prophéties qui vous feront perdre tout espoir. Et si, malgré tout, vous persistez dans votre volonté et dans vos espérances, il est parmi eux des traîtres qui se chargeront, à l'aide de quelque coup porté dans l'ombre, de paralyser votre effort et d'arrêter votre élan. Ce sont des adversaires dangereux parce qu'ils vous attristent et qu'ils vous découragent : pour les dépasser, il vous faudra rassembler toutes vos forces et concentrer votre énergie.

Mais l'obstacle le plus grave vous attend au dernier tournant de la route, à l'heure où vous rencontrez les hommes vénérables, pieux et bons, vos pères, peut-être, que vous aimez de tout votre cœur, que vous entourez de confiance et d'estime ; c'est sur eux, sur leurs convictions et leurs sentiments intimes, sur leurs souvenirs, leurs espérances et leur idéal qu'il vous faut marcher à présent si vous ne consentez à vous arrêter. Y avez-vous songé ? Vous allez en leur présence tendre la main sur le terrain social aux hommes que, depuis quarante ans peut-être, ils ont combattus sans relâche, aux politiciens, — ou à leurs frères, — qui les ont successivement évincés de toutes les fonctions publiques en insultant tout ce qu'ils avaient de plus cher! Vous allez entrer ici dans une caisse de crédit agricole fondée et présidée par un parlementaire ministériel dont le nom figure peut-être au bas de la loi de séparation; là dans une société d'habitation à bon marché administrée par un élu d'hier fermement attaché, — du moins le dit-il, — à toutes les « institutions républicaines »; ailleurs vous allez vous asseoir au bureau d'un étatiste déclaré, entrer en rapport avec un publiciste, qui chaque matin ou chaque semaine, distille contre l'Église et les régimes déchus quelques gouttes de fiel... Mais, mon jeune ami, dans de tels tête-à-tête, quel est celui qui va convertir l'autre? Et n'est-ce pas vous qui, reniant les traditions et le passé des vôtres, êtes sur la voie de devenir radical?... Cette pensée inquiète et attriste l'homme respectable, objet de votre affection, qui a sacrifié sa carrière, sa fortune, ses forces peut-être, à un idéal politique ou religieux dont nos nouveaux collaborateurs paraissent si éloignés. Et s'il tente de vous raisonner, s'il essaie de scruter vos pensées intimes, son inquiétude, bien loin de se calmer, devient de la stupeur... Ces hommes ne sont pas assez avancés à votre goût! Vous osez dire que la troisième république est trop lente à achever son œuvre sociale! Et c'est vous qui voulez la devancer! Vous touchez à la liberté individuelle, vous parlez de repos hebdomadaire légal, de réglementation du travail, de retraites ouvrières, de réforme fiscale peut-être, vous admettez la contrainte pour le patron d'encourager, par un versement obligatoire, l'effort libre de son ouvrier, vous êtes peut-être à la veille de vous rallier à l'obligation de la prévoyance imposée à l'ouvrier lui-même... Chemin faisant, vous êtes devenus socialiste, et la génération précédente de ne plus reconnaître son sang.

Il y a là certainement pour l'homme jeune dont la vocation sociale s'affirme une épreuve douloureuse, un malentendu que, bien souvent, la raison est incapable de délier et que peut seul dissiper le cœur, car il a « des raisons que la raison ne connaît pas »; là, il n'est point de règles à tracer, point de remède à conseiller : c'est à chacun de nous qu'il appartient de trouver dans son amour, au plus profond de lui-même, des ressources pour discuter, des arguments pour convaincre, ou, du moins, pour s'assurer une neutralité bienveillante; pour obtenir, au seuil de la maison paternelle, l'exequatur nécessaire avec lequel il pourra s'envoler le cœur léger : « Va, mon enfant, tu es bon; que Dieu te protège! »

Et le voilà en route, cet enfant. Il a convaincu les uns et rassuré les autres; obtenu quelque crédit de ceux qui lui prédisaient un échec assuré et prochain; passé outre aux anathèmes des obstinés, aux moqueries des sceptiques; il bouillonne d'une ardeur généreuse; enfin, se dit-il avec fierté, rien ne me retient plus : je vais être social. Il court au peuple, et, aussitôt, semblable au hérisson qui craint un danger, le peuple se met en boule : le sourire avenant ne rencontre que visages impassibles; la main tendue trouve des mains hésitantes; aux avances multipliées répond une réserve excessive, et la première harangue s'adresse à des bancs désertés. Là, peut-être, réside la plus cruelle des déceptions réservées à celui qui s'engage dans la carrière sociale. Ceux qui l'ont subie, et dont la vocation a résisté à l'épreuve, ne me contrediront pas, j'en suis certain.

Et, d'abord, vous avez beau aller indistincte-
ment à tous, mettre de côté toute idée confes-
sionnelle ou politique et vous placer sur un
terrain accessible à chacun, celui du progrès
matériel et du relèvement moral, par exemple,
on vous répond toujours en classant le peuple
en deux tranches que l'on appelle « votre parti »
et « l'autre parti »; ne fussiez-vous attaché vous-
même à aucun parti, on vous en attribue un par
définition, et c'est naturellement le parti dit
« réactionnaire »; c'est ainsi que s'intitulent
ceux qui vous défendent; cette épithète est em-
ployée .contre vous par ceux qui vous combattent; toute protestation de votre part serait
vaine et vous n'y pouvez rien changer. Aussitôt
donc votre entrée dans l'action sociale, avant
que vous ayez touché à rien, vous avez des par-
tisans et des adversaires, et cela déjà vous sur-
prend quelque peu.

Vos amis sont-ils du moins, pour vous, un
appui réconfortant et efficace? Hélas! bien rares
sont ceux qui oseront vous parler avec sincérité,
vous renseigner avec franchise; bien clairsemés
ceux qui vous comprendront vraiment, ceux
qui, dans la jeune armée dont vous allez être le
chef, pourront vous servir de gradés. Les uns

vous compromettront par leur intransigeante et incessante politique, et, bien loin de vous gagner les cœurs, écarteront de vos œuvres, en vous représentant comme le député de demain, la masse qui, connaissant celui d'aujourd'hui pour lequel, sans doute, elle vote, sait que député est souvent synonyme d'arriviste ; d'autres, moins actifs ou plus timorés, vous affirmeront qu'il n'y a plus rien à tenter, et, semblables aux amorphes de votre milieu, paralyseront vos efforts, décourageront votre bonne volonté. Ceux-là, du moins, sont ou se disent vos amis : ils ne contestent pas la pureté de vos intentions; mais il y a les autres.

Les plus inoffensifs ont la conviction absolue que vous agissez dans un but d'intérêt personnel: ils ont tant de peine eux-mêmes à comprendre le désintéressement ! J'ai vu l'un de mes amis fonder, dans son canton, un syndicat agricole et ne recueillir que fort peu d'ahésions, parce qu'une élection était proche; à la stupéfaction générale, il ne s'y présenta pas, et il eut raison; car on ne lui avait pas demandé de le faire. Aussitôt l'élection passée, les adhérents affluèrent en masse, et l'un d'eux, plus franc que les autres, de dire : « On nous avait affirmé que Monsieur formait le syndicat en vue de l'élection, ce n'était donc pas vrai? » L'œuvre de mon ami n'est réellement prospère que depuis qu'il s'est fait, dans le pays, trois élections cantonales ou législatives où il n'a pas été candidat; et même lorsqu'aura lieu la quatrième, on chuchote qu'à son insu et malgré lui les syndiqués feront tout à son avantage une comparaison entre lui et le politicien professionnel qui les exploite... Mais n'anticipons pas.

Ainsi, dès que vous entreprenez une œuvre sociale, vous êtes présumé travailler pour vous-même, et comme, aux yeux de chacun, vous incarnez bon gré mal gré la réaction, c'est pour la réaction que vous entamez la lutte; voilà ce qui se dit et se fait dire par tous. La réaction! cet épouvantail que l'on agite aux yeux du peuple lorsqu'il a assez vu le cléricalisme et qu'il demande quelque chose de plus substantiel. Savez-vous, d'ailleurs, ce qu'est la réaction? — Non! — Moi non plus; vos adversaires, pas davantage. Au réactionnaire, il est vrai, ils opposent chaque jour « le bon républicain »; mais qu'est-ce à dire? Car ce nouveau qualificatif est revendiqué par tant de gens, et d'espèce si di-

verse, que nous voilà aussi embarrassés ; à moins
que la vérité ne se trouve dans la définition que
me donnait récemment le maire d'un petit vil-
lage : il avait été traité de « valet de la réaction »,
ce qui l'étonnait fort, — et moi aussi. — « Un bon
républicain, me disait-il peu après, est celui qui,
en tout lieu et en toutes circonstances, partage
l'avis du sous-préfet ; un réactionnaire, celui
qui s'est permis, ne fût-ce qu'une fois, d'avoir
une opinion contraire. » Ne cherchez pas d'autre péché, c'est celui-là, sans doute, qui vous a
attiré en ce temps de liberté cette épithète. Quoi
qu'il en soit, on dira toujours, lorsque vous
commencerez une œuvre sociale, que la réaction
relève la tête, que vous êtes son émissaire et
qu'il faut vous écraser.

Là, en effet, veulent en venir vos vrais ennemis,
— j'allais dire les seuls, — les socialistes de
mauvaise foi, c'est-à-dire ceux qui rêvent de
destructions en parlant de « haine créatrice ».
— « Le socialisme, a dit M. Kergall, est un
ouragan qui passe et qui ne peut embraser la
société que s'il rencontre des flammes sur son
parcours, c'est-à-dire des souffrances et des
misères » ; vous parlez d'adoucir ces souffrances,
de les prévenir, d'instaurer un état social où

elles seront impossibles, c'est précisément ce que ne veulent pas les socialistes de mauvaise foi ; car vous donnez là à leur théorie un démenti formel, et, comme l'a écrit M. Dedé (1) : « Lorsque les favorisés de la fortune restent insouciants et inactifs, leurs adversaires s'en moquent et les traitent avec tout le dédain dû à leur inutilité ; mais lorsque ces mêmes favorisés entendent se mêler au peuple et rechercher le mieux social, c'est alors que le concert commence ! » Aussi, plus vous tenterez d'être social, et plus vous entendrez de ce côté gronder la haine, et plus vous la verrez liguée contre vous avec la colère, la rancune et l'envie.

Alors vous serez parvenus à la lie du calice : raillés, dédaignés et blâmés par ceux que vous aurez laissés en arrière, incompris de ceux vers lesquels vous aurez marché la main tendue, vilipendés par ceux qui rêvent la guerre sociale parce qu'ils escomptent leur part de butin, vous vous croirez arrivés aux portes de l'enfer du Dante, et le mot du poète retentira à vos oreilles : *Lasciate ogni speranza!* L'heure est venue de rassembler tout ce qui vous reste d'énergie et de

---

(1) E. Dedé : *Les Sociétés de secours mutuels*.

cœur, l'heure est venue d'être des hommes et de vous montrer dignes de vos traditions, fidèles à votre amour, conscients de votre devoir et sûrs de votre raison.

IV

Est-il quelque chose de plus cher à l'homme que l'œuvre qu'il a conçue et façonnée lui-même ? Il s'y retrouve tout entier, elle reflète sa pensée et son âme, elle est pour lui une évocation perpétuelle de ses peines et de ses joies d'antan, des efforts physiques et moraux que sa mise au point représente. Le statuaire est amoureux de son marbre, le peintre de sa toile, le poëte de son livre, le penseur de son idée. Demandez-vous ce que ces trois mots : « mes idées sociales » représentent pour vous de souvenirs ? Que de douces rêveries d'été sur la colline aux couchants clairs et mauves, de longues veillées d'hiver dans la chambre close, près de l'âtre où languissait le feu ; que d'efforts, de discussions, de succès et d'échecs, de joies et de regrets, de résurrections et de chutes, de temps d'arrêts, de reculs et de bonds en avant elles évoquent! Et dites s'il est une œuvre humaine plus digne que ces idées sociales de l'orgueil paternel de son auteur?

Elles sont la chair de votre chair, l'émanation lumineuse de votre âme : vous ne les sacrifierez pas à ces sentiments bourgeois et mesquins qui s'appellent le respect humain et la peur ; les beaux esprits vous raillent, les amorphes vous refroidissent, les jaloux vous envient, les timorés se scandalisent, les méchants vous haïssent, qu'importe la vaine gloriole que les louanges des hommes procurent? ayez une ambition plus haute, celle d'être quelqu'un et non celle d'être quelque chose ici-bas. Par la première vous parviendrez peut-être un jour à ce quelque chose... Laissez à d'autres la seconde : elle n'a jamais aidé qui que ce soit à devenir quelqu'un.

Vous serez quelqu'un si, ayant entrevu un jour votre idéal très haut sous une forme précise, vous cherchez résolument à l'atteindre sans vous embarrasser des embûches tendues sur votre passage, sans vous arrêter aux ronces du chemin ; si, une fois entré en pleine possession de vos idées, fruit d'un travail opiniâtre et d'une gestation douloureuse, vous les faites luire et rayonner autour de vous, prêt à vous sacrifier vous-même à leur définitif triomphe; si vous avez en elles la foi qui agit et qui sauve, celle qui inspira un jour à Guillaume d'Orange cette parole sublime : « Il n'est pas nécessaire d'espérer pour entreprendre ni de réussir pour persévérer. »

Avec une telle volonté d'entreprendre et une telle persévérance, vous réussirez cependant tôt ou tard. Peut-être pas à vous faire élire député, ni à devenir ministre, ni à vous parer de ce hochet sur lequel, à l'étalage d'une démocratie, on se rue plus qu'ailleurs et qui s'appelle le pouvoir. Mais vous serez le médecin social, le sauveur aujourd'hui nécessaire : en répandant autour de vous les notions de fraternité, de solidarité, d'aide mutuelle, vous réussirez à réveiller les endormis, à secouer les paralytiques, à ouvrir les yeux de ceux qui ne voient, les oreilles de ceux qui n'entendent, à faire germer l'amour dans les cœurs, aujourd'hui stériles : cela, vous l'obtiendrez, c'est certain, lorsque vous aurez fait vôtre cette devise de Montalembert : « Ni espoir, ni peur », c'est-à-dire volonté de marcher droit au but sans défaillance, sans s'attarder à l'espoir de vaines récompenses, à la crainte de vains dangers.

Depuis un quart de siècle que s'est propagé le mouvement syndical agricole, il s'est déjà succédé des centaines d'hommes qui ont été les vaillants maîtres de l'œuvre : il en est peu parmi eux qu'aient récompensés les distinctions officielles, les honneurs électifs : beaucoup de ces généreux ouvriers d'un solide édifice sont morts obscurs, tandis que l'histoire redira les noms des destructeurs officiels, extincteurs de lumières : cependant l'œuvre des pionniers du syndicat a survécu à ses fondateurs : elle progresse chaque jour grâce à l'impulsion qu'ils lui avaient donnée, aux efforts dévoués de leurs successeurs formés à leur école : le bien immense qu'elle a fait et qu'elle fait à toute heure est le fruit de leur peine, et l'on peut dire que, héros inconnus mais immortels, ils ont bien mérité de la patrie. S'il leur a été donné de voir à leur dernière heure, avec la lucidité propre aux mourants, le raccourci de leur œuvre sociale, le chemin parcouru avec leur aide, les résultats atteints, les progrès réalisés, les positions conquises, et par une fenêtre entr'ouverte sur l'avenir un lointain radieux inondé de lumière, ils ont dû goûter la récompense la plus exquise qui puisse être réservée en ce monde aux bons serviteurs d'une *Idée.*

Voilà le but que propose aux vaillants enrôlés sous sa bannière la jeunesse sociale contemporaine, convaincue de la beauté de sa mission et de la nécessité de son apostolat. Il en est peut-être dans ses rangs qui approcheront un jour du pouvoir : ils se souviendront alors que la fortune ne doit être qu'un simple accident dans leur vie, et que l'idéal de leurs vingt ans n'était pas de devenir eux-mêmes célèbres, car les hommes passent tandis que demeurent les institutions. C'est à créer des institutions durables appropriées aux besoins de la démocratie moderne qu'ils devront travailler sans relâche : c'est à éduquer cette démocratie, c'est à l'élever, c'est à réaliser, autant qu'il se peut en ce monde, la solidarité, la fraternité, la justice que tendront leurs efforts : alors peut-être se lèvera, et ils pourront en être fiers, l'aube bienheureuse du jour que dans une page célèbre de son livre, la *Morale et la loi de l'histoire,* avait rêvé le P. Gratry : « J'aperçois de grandes nations soulevées tout entières et décidées à supprimer, au milieu des cités comme au sein des campagnes, et les haillons et les tanières qui tuent les hommes dans la fièvre, la misère et la faim. Je les vois soulevées avant tout contre les haillons et les tanières des vices et de l'ignorance, causes premières de ces maux. Je vois les belles cités où le plus pauvre des habitants travaille de ses mains sous l'humble toit qui est à lui, au milieu du même ciel et de la même lumière, et de la même verdure, et des mêmes fleurs que les plus riches palais. Je ne vois plus rien là que l'on puisse appeler basse classe, ni cette masse grossière, ignorante, sans avenir et sans espoir qu'on nommait autrefois populace. Je ne vois là que des hommes cultivés, graves et dignes, des citoyens capables de prendre part, comme électeurs et comme élus, à la vie et au gouvernement de la commune et de l'Etat. »

TABLE DES MATIÈRES

Pages.

Introduction 7

I

Les privilégiés de la vie et le mouvement social.... 8

La Tradition, l'amour, le devoir, et la raison les poussent.................................. 12

1) La Tradition. Comment le seigneur féodal pratiqua au Moyen Age une manière d'action sociale... 12

Comment au xvii et au xviii siècle, la partie saine de la noblesse continua d'exercer cette action...................... 14

Comment au xix siècle, les classes dirigeantes se sont acquittées de leur mission sociale: prédominance du devoir d'assistance sur le devoir d'éducation.......... 17

Ce dernier est aujourd'hui le plus important, et il s'impose à tous les privilégiés de la vie..................................... 19

2) L'amour. Comment les misères du Moyen âge inspirèrent à saint François d'Assise ce sentiment.............................. 21

Il naît de même en chacun de nous à la vue des misères de l'heure présente 24

3) Le devoir. Aux avantages de la naissance, de la fortune, de l'intelligence, du talent et du savoir, correspondent des charges 27

4) La raison. Il importe de faire l'éducation des masses, conscientes aujourd'hui de leur force, pour qu'elles dirigent cette force vers le bien 32

Pages.

II

LES PRIVILÉGIÉS DE LA VIE COMPRENNENT-ILS TOUS LEUR ROLE SOCIAL ? 35
    Émigration à l'intérieur des anciennes classes dirigeantes 36
    Les politiciens les ont remplacées, s'emparant de leurs idées tombées en oubli pour s'en faire une réclame électorale 40

III

LES PRIVILÉGIÉS DE LA VIE DOIVENT REPRENDRE LA TÊTE DU MOUVEMENT SOCIAL, en secondant les gouvernements qui les propagent, en stimulant, en redressant ou en devançant ceux qui restent en arrière ou s'égarent 43
OBSTACLES QU'ILS RENCONTRERONT DANS CETTE VOIE.
    1) Dans leur entourage, chez les égoïstes, les sceptiques et les jaloux, comme chez certaines convictions respectables 44
    2) Dans les milieux populaires, imbus de préjugés à leur endroit, douteux de leur désintéressement, excités par les politiciens et les agitateurs. 51

IV

COMMENT MARCHER VERS LE BUT PROPOSÉ EN SURMONTANT CES OBSTACLES ?
    Par la réflexion, par la foi, par la volonté et par le désintéressement.................................. 57
    Les hommes passent, les institutions demeurent : c'est à créer des institutions appropriées aux besoins de l'heure présente qu'il faut aujourd'hui travailler 61

1194-10. — Imprimerie des Orphelins-Apprentis, F. BLÉTIT,
40, rue La Fontaine, Paris-Auteuil.